生き急ぐ

磯部一郎
Isobe Ichiro

かざひの文庫

はじめに――限りある命を最大限全うする

「生き急ぐ」――。

命の最期を意識して、今を生きること。

「生き急ぐ」ことは、

決して「死に急ぐ」ということではありません。

「今」を大切にしながら、

前向きに生きることを意味しています。

あなたは、
「今」を悔いなく生きていますか？

命は有限です。
でも、何かきっかけがない限り、
人はいつの間にか、
「時間が無限にある」と錯覚します。

「時間が無限にある」と思うと
私たちは、つい
「いつかやればいい」
「今でなくてもいい」
と惰性の気持ちで
日々を過ごしてしまうのです。

でも、人間は、
誰もが必ず死を迎えます。
ひとり残らず、誰もが、です。

あなたは自分の死を意識して生きていますか？
一日一日を、大切に生きているでしょうか？

人生の最期、
命の終わりを見据えるからこそ、
私たちは、今を尊び、
今を慈しむことができるのかもしれません。

私が「生き急ぐ」ことを意識するようになったのは、
病がきっかけでした。

起業し、会社が成長し、
働き詰めの毎日の中で
ある時突然、がんによって
生死を彷徨《さまよ》う経験をしました。

6年間の3分の1は入院。
できた腫瘍の数は30以上。
治療のクールは30を超えます。

7度再発し、その間に骨髄移植を2回、
放射線治療を3回受けました。

壮絶な日々を送る中、
2020年6月末には余命宣告まで受けました。
ところが、奇跡的に生還したのです。

時に絶望するような闘病期間を過ごす中、
私は新たに法人を4社立ち上げ、
現在も、幅広く事業を展開しています。

完治はしていません。
いつ再発してもおかしくない毎日です。

それなのに、なぜ、
何度も乗り越えることができているのか。

それは、きっと、
「今」を大切にしながら、
前向きに生きることができているからです。

死を目前にしたからこそ、
「今」を尊ぶことができているからです。

死のトンネルを彷徨いながら、
私は新しい世界を見ました。

本書は、今伸び悩んでいる人
自分にしか生きられない人生を全うしたい人
生きる意味を見つけたい人
悔いのない人生を生きたい人
に向けて執筆しました。

私自身が体感してきた
「限りある命を、最大限全うするための智慧」を
できうる限り、言葉にしました。

時は「風の時代」に入りました。
私は、風の時代を、
「心を大切にする新しい時代」だと捉えています。

惰性でもなく、妥協でもなく、流されず、
自分の「心」に従って生きる時代です。

新しい時代を、あなたはどう生きますか？
一度しかないこの人生を、どんなふうに歩みますか？

本書が、今を生きるあなたの
一助となれば幸いです。

2021年3月　磯部一郎

生き急ぐ　目次

1章 時間を大切にする

3章 自己認識を高める

4章 活躍できる場所を探す

5章 ポリシーを持って仕事する

プロローグ

生き急ぐ

5人にひとりが死んでしまう壮絶な治療、骨髄移植

一度血液を殺して点滴だけで3ヵ月過ごす

会社を経営し、結果を出しながら働き続ける中で、私は突然がんになりました。治療は壮絶で、何度も再発を繰り返しました。詳細はここに書ききれないほどですが、ある時、私の身体にとってとても危険な治療を受けることになりました。

「造血幹細胞移植」という治療だったのですが、かなりのリスクがある行為で、5人にひとりは亡くなってしまうほどです。

意識がある状態で行う治療のうち、もっとも過酷と言われているものです。

まず、抗がん剤を5日間24時間流し続けます。投与する量は通常の抗がん剤の

10倍ほど。身体が一度死ぬような状態になり、その状態でドナーさんから頂いた骨髄液を点滴で入れます。2、3週間経つと、「生着」と言って、新しい血液が骨髄まで行きつき、造血しはじめたら成功の一歩です。

自殺防止の部屋で治療を受ける

治療中は、無菌室に入るのですが、そこはプライバシーもゼロでした。トイレが剥き出しのまま、ベッドの隣にあるのです。ドアはなく、部屋は半透明のすりガラスで透けた状態。医師や看護師から部屋の中が見えるようになっていました。また、自殺防止のために窓は開かず、防菌で二重窓になっていました。

耐え難い苦しみで血管も膨れあがってしまい、全身が浮腫《むく》み、70キロだった体重が81キロにまで増加。目もかすみ、耳鳴り、めまいや嘔吐が1日中あり、下痢も毎日…。トイレに座りながら吐く、吐きながら泣く、という行為を繰り返していました。

つらすぎる治療で精神を病む人もいる

このように、治療があまりにもつらいため、統合失調症になってしまう人もいるそうです。「これは自分ではない」と言って、二重人格になってしまうのです。免役が生着するまでの数週間から1ヵ月くらいが勝負で、その間に生着できない人は敗血症になり、死を迎えます。これが5人にひとりが死んでしまうと言われる所以です。私の隣のベッドにいた同年代の人は、亡くなってしまいました。

この治療は、水泳選手の池江璃花子さんの治療と同じです。彼女がテレビのインタビューで「死ぬほどつらかったです」と話すのを見て、「オリンピックのメダリストでもつらいのだ」と思わずホッとしてしまいました。それほど過酷な治療なのです。

暫《しば》くして、私の身体は元気になりましたが、その後、再発を2回、3回と半年に一度のペースで繰り返していました。

余命宣告を乗り越える

半年も経たないうちに、がんが再発

とある年末に、体調を崩して入院していました。この時、がんが胸のところでむくむくと大きくなってしまっていたため、大静脈が潰れてしまい、バイパス手術をしてなんとか凌《しの》ごうということになったのです。

退院して3ヵ月ほどすると、バイパスを大きくしたにも関わらず、がんはさらに大きくなってしまい、胸の中で11センチを超える大きさまで縦に伸びていました。肺の中にも2~3センチほどのがんが3つ、首の付け根にもひとつできていました。気がつけば身体中ががんだらけに…。

最悪のケースを想定する

ようやく病院を受診した際「何も治療をしなかったら、もってあと2ヵ月。普通に暮らしていられるのは、あと1ヵ月です」と事実上の余命宣告をされました。実際、身体がそれを実証していて、「こんな状態であと2ヵ月も保てるわけがない」というくらい重く、呼吸が苦しくて夜中に目が覚めることさえありました。酸素ボンベで酸素を吸引して、入院を待っていたほどです。

ただ、こうも告げられました。「ただし、ひとつだけ生き延びる可能性がある治療があります。しかし、半身不随や両目失明など重篤なリスクが起きる可能性が50%以上あります。しかも、この治療ががんに効くかどうかは分かりません。磯部さんのご判断によります。やりますか?」。

普段、即決する私も流石《さすが》に迷いました。しかし翌日には、「もうこれしかない。これに賭けよう」と決断したのです。

しかし、万が一のことがあるかもしれないということが頭をよぎりました。入院をして、それっきり帰ってこない可能性もあるわけです。私は入院までの数日間で、共同経営者に相談をしました。急に亡くなっては残された家族が困ると考えたからです。売却をした場合の金額や、精算する時のストーリーをひと通り考えて、優先順位をつけました。

妻にも初めて会社の仕組みや内部の事情を事細かに説明しました。「死んだら色々な人が様々なことを言ってくる。信じるのはこの人たちだけにしなさい」と話をし、事業やお金のこと、死後の希望をひと通り説明してから入院しました。

最悪の状況で希望を持つ

とはいえ、私は人生を諦めていたわけではありませんでした。経営者としては、最悪のケースは考えなくてはいけない。逃げてはいけない。最悪のシナリオを考えながら、同時に、「助かった時には、こうしよう」という成長戦略も練っていました。絶望と希望を同時に抱いて生きていました。

その後、入院し、リスクのある治療を実施。入院後、1週間経過した時点では重篤な副作用は発生しなかったものの、がんも小さくなりませんでした。私は死を覚悟し、主治医の先生にお願いをして無理やり退院させてもらいました。

今だから言えますが、この時、もちろん先生からはダメだと断られました。

しかし、「俺の人生だから俺の好きにさせてほしい。一度家に帰りたい。帰って家族と過ごして、あと2週間でもゆっくり過ごして、ギリギリ意識を失うかどうかで入院したい。死に方を選ばせてほしい」とお願いしたのです。

先生からは「了承する代わりに、3日に1回は病院へ来てください」と言われ、通院する約束をして家に帰ることができました。

余命宣告からがんが小さくなるという奇跡

更に1週間後、奇跡が起きました。病院へ検査に行くと、がんが小さくなっていたのです。主治医の先生も目を丸くして驚いていました。私は嬉しくて涙が止まりませんでした。

「まだ生きられる。神様、ありがとう」

この時の想いを私は一生忘れることはないでしょう。人生は先を見ることが大事です。希望を持つことが人生なのだと心の底から思いました。

翌日、私は新たな会社を起業することを決めました。身体は余命宣告を逃れたばかり。まだ本調子のわけがありません。しかし、居ても立っても居られない。行動を起こさずにはいられませんでした。

功を奏した生活習慣の改善

余命宣告を乗り越えたのは奇跡だけではなかったと思います。結局は人生最大の賭けをせざるを得ない状況に追い込まれましたが、栄養学の先生を紹介してもらって、食事と生活を根本から変更。生活スタイルも完全に切り替え、毎日朝4

時に起きる生活を徹底していたのです。これは今でも続けています。

毎日の習慣としては、風呂に長く浸かったり、肉を食べないビーガンのような生活を心がけています。魚はとりますが、冷たいものや乳製品を控え、妻に協力してもらい、徹底的に行いました。ご飯も玄米にしています。コーヒーくらいは飲むようになりましたが、お酒もカフェインも断っていました。

その生活改善が功を奏したようで、血液検査の結果が良くなっていました。

「何故、これほどまで治療効果が出たのか不思議です。重篤な副作用も起きていないですし、学会で発表したいくらいです」と主治医の先生から言われたほどです。

人生は、何が起こるか分かりません。

自分を信じて、できることをやり尽くす。

好運は努力の先にあるということを教えてくれます。

変わりゆく価値観と人生観

息子の言葉で、本当に大切なものに気づく

このように、生き長らえるプロセスの中で、おのずと考え方が変わっていきました。生かされたことで、人知を超えたものを感じたのです。

事業や仕事に対する考え方も変わり、以前のように、お金を追い求めなくなりました。お金のために働くことは無意味だと分かったのです。

生命の危険を感じた時に「パパ、死ぬかもしれないよ」と息子に話をしました。「パパと何をしたかった?」と聞くと、返ってきた答えは「アスレチックで一緒に遊びたかった」。

私が家族との時間を犠牲にして追い求めてきたものは、一体何だったのか。

自分が間違っていたことに気づきました。本当に大切なものはお金ではないのです。

死ぬ時に、「もっと稼げば良かった」「大企業の社長になっておけば良かった」「株で大儲けすれば良かった」といった思いは全く出てこなかったのです。

お金のためではなく、社会貢献のために働きたい

当時、私は事業を売却した直後でした。銀行口座には売却益がたくさんありましたが、いざ自分の命がどうなるか分からないという時、「こんなもの、ただの数字の羅列でしかない」と気がついたのです。

銀行口座に現金を残すために身体を削って働いて、ストレスを溜めながら嫌なことを言う上司やお客様の相手をして病気になっても、その人たちが何かしてく

れるわけではないのです。

本当に自分のことを大事にしてくれている家族は、「アスレチックに行きたかっただけだ」と言っている…。

「私は大切にするものの優先順位を間違っていたのだ」と心の底から思いました。

もちろん仕事は大切です。でも、収入や見栄ばかり追い求めるのは違います。人生で必要なのはそういうことではないということを、病気になって心の底から痛感しました。身を持って感じたのです。

しかし、本当に大切なものに気づいてはっとした後でも、元気になるとやはり「働きたい」「誰かに必要とされたい」と思い、働くことが自分の楽しみなのだと気がつきました。

もっと人に喜ばれ、「ありがとう」と言ってもらえる仕事、できれば社会に貢献できるような仕事を、自分の手でつくっていきたい。
そんな思いに変わったのです。

本当に大切なものを、忘れずに生きる

人生で一番大切なものはなんなのか。

私は病気という経験を通して、強制的に気づかされたのです。
これはどんな状況・環境の人でも明らかにしておきたいこと。
人生はいつ何時、大きく変わるか分かりません。
その時、あなたが本当に大切にしたい宝物はなんでしょうか。

1章

時間を大切にする

早朝を人生の舵を取るためのゴールデンタイムにする

朝一番に自分の自由時間を確保する

私は毎日、朝4時頃に起床します。そのあと、5時半か6時くらいまでは自分の好きなことをして過ごしています。

「好きなことをする」というのがポイントで、もし早起きして仕事をしようと思ったら、そもそも早起きできないでしょう。

誰にも邪魔されない、ひとりだけで自分が好きなことをやっても良い時間が、朝の時間です。だからこそ早起きをしようと思えます。

この時間で、自分に「好きなことをやっても良い」とGOサインを出すのです。

すると、おのずと早起きが楽しくなってきます。

好きなことというのは、私の場合、色々なアイデアに思いを巡らせて、無地のノートにペンを走らせることです。好きな音楽を聴きながら。

このように、何をしても良いという贅沢な環境をつくります。また、最近は「敢えて何もやらずダラダラする」という日もあります。

敢えてダラダラ過ごすことで、脳を解放する

何故、敢えてダラダラと過ごすかと言うと、「急ぎではないけれど重要なこと」を優先できるからです。

毎日を振り返ってみてください。「考えておいたほうが良いけれど、後回しになっていること」はありませんか？　朝の時間を使って、敢えて余白をつくり、忙しない1日が始まる前に、重要な課題に取り組むのです。

早朝は、脳がクリアな状態で、物事を深く考えるクリエイティブな作業に最適な時間帯。言わば、ハイパフォーマンスを発揮できるゴールデンタイムです。

メールチェックなどの定型業務は、ハイパフォーマンスでなくても可能なので、敢えて、この時間帯にはしません。ハイパフォーマンスな脳を使うには勿体《もったい》ないのです。

テーマを決めず、興味の赴《おもむ》くままに考えをめぐらせる

朝にリラックスしながら、「脳を解放する」環境をつくると、自分が思ってもみなかったアイデアが次々と湧いてきます。

仮にAさんとBさんがいたとします。

「Bさんから言われたことは今考えたくないけれど、Aさんから言われたことは考えてみたいな」というように好奇心のアンテナがビビッと反応するのです。

この時、「楽しそう」と思えるか、ワクワクするかどうかを大切にしています。

自分の好奇心のアンテナがビビッと反応することを考える時間帯が、朝の時間帯です。

ワクワクしていなければ、凡人の発想しか出てきません。ワクワクしていれば、人は子どものような心で考えることができ、予想外のアイデアが生まれます。

「仕事だからやらなければならない」と思って取り組むと、大したアイデアは出てきません。遊びながら仕事のことを考えていたほうが、アイデアが出てきます。

朝の時間帯は、それを意識的につくり出すことができるのです。

パフォーマンスが低下する午後は、意識的に休憩を入れる

パワーが落ちるタイミングを知っておくのも仕事のうち

怒涛の朝の時間が過ぎて、8〜10時は事務処理時間。9〜11時は社内の打ち合わせなどを行います。ひと段落するのが11〜13時頃。この時間帯の過ごし方は、その日によって異なります。

私の最近の過ごし方は、早めに昼食を食べ、瞑想をし、昼寝をすることです。1〜2時間の休憩を入れます。

何故、休憩を入れるかと言うと、早朝のフル回転とは一転して、疲れが出て効率が悪くなり、無駄な動きが多くなるからです。

頭の回転が平均以下になるので、休憩を入れたほうが、その後効率よく働けます。
あれもこれも…と頭の中がパンパンになっている時は、パフォーマンスが落ちている証拠。どのボールも忙しなく拾おうとしている自分がいたら、それが休憩のサインです。

1日のうちには、ゴールデンタイムがあれば、調子が落ちる時間帯もあります。
それも含めて1日を設計すると、効率よく仕事を進めることができるでしょう。
自分自身のパフォーマンスを把握することも、仕事のうちです。

夜にミーティングは入れない

判断力が鈍る夜は遊びの時間

私は、夜19時以降は仕事をしません。

理由は至ってシンプル。パフォーマンスが悪いからです。無理して仕事をしても時間を無駄にするだけです。


夜に仕事を入れないもうひとつの理由は、食事です。

私は19時から夕食を食べるのですが、妻がつくった食事以外は、栄養学上問題があり、食べられないことが多いのです。

この時間に美味しい食事が食べられないと、楽しみがなくなってしまいます。

毎日、栄養を気遣ってくれている妻には感謝しています。

一方で、夜はセミナーや、主催しているオンラインコミュニティのミーティングを行います。これらはとても楽しく、みんなであれこれ話をして過ごすため、半分飲み会のようなもの。遊びの要素も多いイベントなので、夜に実施したほうが時間の無駄になりません。こういったものを昼間に行うと、逆に時間を無駄に過ごしてしまうように思います。

同じ時間を過ごすにも、ベストなパフォーマンスを発揮するのがプロのあり方です。いつ何をするかということが、仕事や生き方の質を左右します。

一度やってみると、時間帯によるパフォーマンスの違いを感じられるはずです。是非、実践してみてください。

「何かを達成したら幸せ」という発想では一生満たされない

「今、自分らしく生きること」が本当の幸せ

病気になる前、私は「何かを達成しないと満たされない」という発想で生きてきました。常に何かを追い求めていました。

先のものを追い求め、「それが手に入ったら人生が満たされる」と思っているようでは、ずっと満たされることはありません。

現在は、「やりたいことを全部やっている」という生き方を「今」することこそが、本当に満たされることだと感じています。

死ぬか死なないかという状況の中で、元気な時に「つらいな」と思えていたこ

とが、幸せそのものだったということに気がつきました。

死を目前にした絶望の極地では、前を向けないから悩む必要がなくなります。落ち込んだり悩んだりするのは希望を持っているからです。私はそのような体験を経て、希望を持って生きることこそ幸せそのものだと感じるようになりました。

また、人は色々な雑念や、不満、不安などに苛まれています。

そんな時は「今」に集中できなくなります。「今」を100%生きなければ、自分らしさを失い、幸せを感じられなくなるのではないでしょうか。

何かを達成するから幸せなのではなく、「今」を自分らしく楽しめるから幸せなのです。人生に希望を抱き、困難や挑戦もすべて楽しむ視点を持って「今」を生きることこそ、幸せそのものです。

死ぬ時にはきっと、今「つらいな」と思えていることが、幸せだったということに気づくはずです。

時間を大切にして、遠慮せずに生きる

病気を機に過去の自分と決別する

以前は「磯部さん、磯部さん」と慕っていた人も、病気になった後には寄ってこないことが殆《ほとん》どでした。

病気で入退院を繰り返す中で、社会生活はＯＦＦ状態になりました。

復帰直後は、まるで浦島太郎になったかのように感じました。

世の中と離れている間に技術は進歩し「置いて行かれている」と感じました。

そこで、ビジネス上の感覚を取り戻さなければと思い、とあるＷＥＢメディアを買収し、自分なりにアレンジしました。

病院のベッドの上でもできることをやり、ビジネスの感覚を取り戻そうとしたのです。

立場を失うことにより、過去の自分と訣別することができ、新たな道を探ることができました。

遠慮することなく、自分を出す

私は1年ほど新規事業としてメディア事業に取り組み、新たに学んだことの発信を始めました。

すると、私のことを理解してくれる人が少しずつ集まってきました。

以前であれば、周囲の目を気にして、本当の自分を出せずにいましたが、過去の自分と訣別した私は、周囲に遠慮することがなくなりました。

発信し、フィードバックを貰うことを繰り返しているうちに、自分を見つめ直すことができ、コンテンツの幅も広がっていきました。

そして遂に、「自分には使命がある」ということにも気がついたのです。

ただ、「メディアをつくろう」ではなく、発信&フィードバックを繰り返したからこそ使命を見つけられたのだと思います。

自分を出していくからこそ、より深い気づきが得られる。
遠慮をしている場合ではない。
発信は、このことを、身を持って知らせてくれました。

今だけを生きている時、人は不安から解放される

病気になって知った「頑張ってもどうしようもないこと」

「磯部さんは不安じゃないのですか?」

と人からよく聞かれます。もちろん私にも不安はあります。

例えば、病気も不安になる原因のひとつです。病気になると死が見えるようになります。それは真っ暗なトンネルが常に目の前にあるようなものです。

そのトンネルに吸い込まれたら死んでしまう——そんな感覚です。

私に、このトンネルがハッキリ見えるようになった原因は、病気です。

トンネルが急に現れたのではなく、見えていなかったトンネルが、病気をきっかけによく見えるようになったのです。

トンネルは誰にでもあります。

人は生まれながらにして、トンネルに向かって進んでいるのです。

トンネルと自分の距離は、誰にも分かりません。

それは医者が決めることでもありません。

見えたからといってトンネルに近づいたわけではないのです。私は病気によって「ただトンネルを見る能力を得たのだ」と考えるようになりました。


しかし、トンネルが見えるとやはり不安になります。

予期せぬ事態などに直面した時に、そんなことはありえないだろうという偏見（バイアス）が働き、起こった出来事を正常だと認識する心理的なメカニズムのことを正常性バイアスと言います。

例えば、殆どの人は、日々は昨日・今日・明日と続いていくと考えているでしょう。これもひとつの正常性バイアスです。

病気になると、正常性バイアスが悪い方向に作用し、どんどん悪くなっていくと考えてしまいます。これが、「自分はもうダメなのだ」と多くの方が感じてしまう理由です。ではこの不安を取り除くには、どうしたら良いのでしょうか。

「今ここに生きる」マインドフルネスに救われた

こんな時には、マインドフルネスが有効だと、私は考えています。

また、「病は気から」と言いますが、「病気が気持ちで治る」というのは偏見です。私は気持ちで負けていません。

同じように、医学書を読み漁っても、治らないものは治らないのです。

「頑張れ」と言われても、頑張りようがない。

考えても憂いても仕方がないということです。

未来を見ると「死」に対する不安が尽きなくなります。

また、過去を見て「どうして病気になったのだろう」と後悔しても、過去に戻ることはできません。

こうなると「もうどうしようもない。死のトンネルだけ見てびくびくするしかないのか」と思われるかもしれませんが、そんなことはないのです。

例えトンネルが目の前に立ちはだかっていても、笑っていられる。立っていられる。目が見えなくても講演もビジネスもできます。ご飯の美味しさだって感じることができる。

このような「今」というものを、どれだけ日々噛み締められるか。

私は、「健康の人も病気の人も関係なく、人生で重要なのは、今を生きることなのだ」と思うようになりました。

不安になったら、今だけに集中してみてください。

明日のことは、明日の自分に任せる。

時には、そんな意識が必要かもしれません。

いつまでも時間があると思ってはいけない

誰にでも命の期限がある

時間は有限です。

誰にでも命の期限があります。

私にだけ期限を設定されているわけではありません。

ただ、見えていない方が多いだけなのです。

命の期限、つまり人生の終わりは誰にでもあることを、私は垣間見させてもらい、日々実感しながら生きることができるようになったのです。

今日という1日を精一杯生き、永遠に生きるつもりでやり尽くす

退院した翌日に会社を設立すると決めたことがあります。呆れる人もいるかもしれませんが、私は「時間がないから速攻でやらなくては」と切実に思ったのです。

期限が見えていない人は、色々なことを後回しにします。それは正常性バイアスがかかっていて、人生を永遠に感じるからです。

でも、人生は永遠にあるわけではありません。それは錯覚です。

いつ何時、終わりがくるか分からないのです。

私はトンネルが見えるようになったことにより、正常性バイアスが外れました。

今日という1日を精一杯生きる。しかし、トンネルはまだまだ遠くにありながらも確実に近づいていることを実感し、自分のできることをやり尽くす。

私はそう思って、日々を生き急いでいます。

「いつでもできること」は「今しかできないこと」かもしれない

悔いのない人生を生きる

今、私が思う「後悔のない人生」は、病気を克服することです。

完全ではなくても、コントロールできるようにしたいと思っています。

子どもたちとは、今は毎日自宅で一緒に過ごすことができています。

ただ、一緒に過ごしながらも「もっと色々なところに連れて行きたかったな」と思うのです。

私は、自分がサーフィンをしている姿を、息子と娘に一度も見せたことがありません。以前は、毎週末のように夫婦で海に行っていたのに、子どもと一緒に海に行ったのは、息子が小さかった時に一度だけ。

今、思い立って、子どもと一緒に海でアウトドアを楽しもうと思っても、健康上困難なのです。キャンプにも行けません。

普通の家庭が夏休みや週末にできることが、一切できていないのです。それはもう、一生取り返せないこと。

今は、仕方のないことだと割り切り、多くは望まなくても良いと思いながら過ごしています。


コロナウイルスの影響で、健康な方でも外出することが難しい状況ですが、子どもと一緒に海外旅行へ行く時間をつくるのが、今の私の夢です。

「いつでもできること」は「今しかできないこと」かもしれません。

2章

逆境を乗り越える

勇気と覚悟を持って生きれば、不安など感じない

心を決めると、捉え方が大きく変わる

勇気と覚悟を持って生きていると、不安など感じません。
勇気と覚悟を持つコツ。
それは困難に直面したら「やったー！」と思うことです。

少し頭がおかしいと思われるかもしれませんが、私自身の話で言えば、本当に死にそうなくらいの困難に対峙した時ほど、自分を成長させてくれたという実感があります。
ですから、私は困難なことほどウキウキするようにしているのです。

「もうダメだ」「本当に危ない」というほどの人生の荒波の中にいると、上から1本の細い糸が垂れてくるのです。

その時、私はいつも「これを掴んだら、次にどんな大きな変化が起きるだろう」と捉えるのです。

かの有名な経営者・松下幸之助氏も「窮境は尊いチャンス」という言葉を残しています。

ピンチはチャンス。

ピンチがあれば、必ず次の何かが降ってきます。

大切なことは、勇気と覚悟を持つこと。

心を決めた者勝ちです。

逆境を乗り越えられる人には志がある

固い意志と柔軟な姿勢で盤石な道を突き進む

逆境から這い上がれる人は、志を持っていて、芯があり、マイペースです。このタイプの人は、周りの評価を気にせず、自分で淡々とやっていくことができます。少々のことでは、目的を見失いません。「人の評価は後から勝手についてくるものだ」と割り切って考え、やるべきことを続けていけるのです。

こうして、コツコツと積み上げた人が築いた城は、一夜でつくった張りぼての城ではありません。脚光を浴びるようになっても、簡単には覆《くつがえ》されない。周りが簡単に真似できないものになっているからです。

積み重ねた期間が長ければ長いほど、その壁は高くなっています。

ここまで読むと、「職人みたいな人だな」と思われるかもしれません。

ひとつの道を突き詰めていくという点では「職人」は間違いではありませんが、状況に合わせて動く必要があるので、強い意志に加え、柔軟さも必要です。

逆境から這い上がる際に、もうひとつ大切なのが使命感です。

使命感を持っていると、状況や環境に合わせて手法を変えられるようになります。使命に向けて、状況を観察し、方向を調整していくことができるのです。

使命感を持つ人が、強く盤石な道を築いていきます。

リーダーなら、尚更です。

私自身も使命感を持って生きたいと意識しながら、日々過ごしています。

諦めなければ道は拓ける

余命宣告を受けながら、前年比750%増の実績

余命宣告を受けた時の話です。それは、私が今まで生きてきた中で、身体的にも精神的にも最も危ない状態でした。

当時は絶望して、何もやる気が起きずに、自暴自棄になりかけていました。

しかし、私は踏ん張り、一番危なかった3ヵ月間でやれることをやり、諦めませんでした。結果、闘病しながら進めていたコンサル事業で、前年対比750%増という結果を出すことができました。

相談した周囲の数人が助けてくれたおかげもありますが、何より自分自身が諦めなかったことが、大きな成功要因だったと振り返っています。

あの時、何が自分を突き動かしたのか。振り返ってみると、私の心の中に「最期まで自分らしく生きてやろう」「死ぬ1日前まで働いてやろう」という、生き様に対する拘《こだわ》りと、それを貫く強い想いがあったように感じます。

医者に「命はあと2ヵ月です」と言われたとしても、本当に死ぬかどうかは誰も分からない。余命宣告を受けても生き続けている人たちも山ほどいる。

何故、自分が諦めなくてはいけないのか、そんなものに屈したくない。

もちろん、決して先生のことを信用していないわけではありません。寧《むし》ろ尊敬と感謝の念で溢れています。ただ、病院が出した予測を100%鵜呑《うの》みにしたくない。「余命は人が決めるものではなく、神のみぞ知ることだ」という気持ちでした。

まだ分からないのに、塞ぎ込んでいる場合ではありません。

諦めなければ、必ず道は拓けるのです。少なくとも私は、そう信じて生きています。

何が起こるか分からない人生を、力強く生き抜く

思うようにいかない時こそ、生き方が問われる

人生は予定通りには進みません。私も、予定調和ではない人生を真正面から生きてきました。変化の多い人生を力強く歩んでいく力は、多くの人が厳しい場面に直面していく時代に必要不可欠です。

何が起こるかが分からないのが人生。

限られた枠の中で生きているわけでもなく、予定された毎日を生きているわけでもない。

一夜で色々なことがガラリと変わることもあります。

思い通りにいかないことが起こった時こそ、現実とどう向き合って生きていくのかが問われます。それには、気力も体力も必要です。

今まで現実と向き合ってこなかった人にとって、勇気を奮い立たせるのは難しいことかもしれません。逃げずに現実と向かい合う勇気と覚悟が必要です。

生死をさまよって見出した人生の価値

私の場合、病気という、向き合わざるを得ない状態で、それをずっとやってきました。病を通じて、生きる意味や人生の向き合い方、あり方をとことん考えるようになったのです。

骨髄移植の時期は、まさに生きるか死ぬかの境目を彷徨《さまよ》っている時でした。前述しましたが、5人にひとりが退院できずに亡くなるという、過酷な治療でした。

退院の前日は、厳しい環境から家に戻れるという何とも言えない解放感を味わったものです。そんな退院前日の夜に、私がブログに書いた詩を紹介します。

生死の極限に立った当時の私が考えていたことです。

「脱皮」

ゆっくり歩かないと見えない景色
止まってみないと気付かない自分
ベッドの上だからよく見えること

焦っているのではない、時間が勿体無い
弱気になっているのではない、計算しているだけだ
憐れみを求めているのではない、ありのままの自分を認めてほしい

死にそうと思ったあの時
もっとこうしておけば良かったと後悔した
お金や立場ではない
見栄でもプライドでもなかった

大切な人を大切にしておけば良かったと後悔した
神様がくれたギフト
自分しかできないことをやりたい
人の役に立ちたい

第二の人生の始まり
自分をもっと大切に
自信を持って

死のトンネルは未だ見える
戒めのように
永遠に続くだろう

時には開き直る

最初から理解されないことを前提にスタートする

ビジネスで新しい事業にチャレンジした時、失敗することが殆どです。

私にも、やってみてうまくいかないことや、思うように集客ができないという経験はあります。SNSで発信・宣伝をしていると、結果が伴《ともな》わず恥ずかしい思いをしたこともありました。

しかし、新しい事業を始める時ほど、開き直る気持ちが重要です。

ポイントは、「最初からは理解されない」ということを前提に行うこと。

SNSの「いいね！」の数がすべてではありません。

始めから周りに共感されなくても良いのです。


「みんなが遅れているのだろう」

「私の感覚が鋭すぎて分からないのだ。だからしょうがない」

というくらい開き直りましょう。

じわじわ広がっていくにつれて、周りの反応も変わっていきます。


新しいことをする時には、いつも反対意見が起こります。

ところが、蓋を開けてみると、反対意見を言っていた人ほど「磯部さんと一緒に活動できて良かったです」と意見をひっくり返してくることがよくあります。


先見性のない人は、カタチにするまで納得しません。

カタチになった時に、ようやく理解できるようになるのです。

失敗が怖い時は「考えるな。感じろ」

私は失敗しても「成功するまでやれば良い」と思っています。諦めたら失敗。何事も、やってみなければ本当のところは分かりません。

失敗が怖い慎重なタイプの人にアドバイスできる言葉は、ブルース・リーの「Don't think. Feel.（考えるな。感じろ）」です。頭で「ああでもない、こうでもない」とごちゃごちゃ考え始めると、とてつもなく時間がかかります。

例えば、「自分には何ができるのだろうか？」という悩みも、シンプルに考えればあっという間に答えが出ることです。ごちゃごちゃした頭で考えるから「会社が、家庭が、いままでの実績が…」と、余計に分からなくなるのです。

これからの時代、頭で考えてばかりの人は非常に生きづらくなっていきます。堅苦しい考えはやめて「Don't think. Feel.（考えるな。感じろ）」でいきましょう。

成功とは成長が止まること

私は、「成功」という言葉が実はあまり好きではありません。

成功したと思うことは、「成長が止まること」と同じだと思っているからです。

「俺は成功したぞ」と感じる時は、「満足してしまった」ということでしょう。

満足してしまうとそれ以上の成長は望めません。

だから「成功した」とは思いたくないのです。


私自身は何を目指しているのかと言うと、「成功者」よりも「変人」です。

「あの人、成功者だよね」と言われるよりは、「あの人、変わっているね」と言われたほうがWEBの時代には果てしない可能性を感じます。

他人に認められる変人として生き、変人の活躍を応援してもらう。

共感される、ファンの多い変人を目指しています。

高い壁を乗り越えられる人と手前で折れる人

常に壁を乗り越えた先の未来を描けるかが、分かれ目になる

人生の壁を感じた時、どうすれば突破口を見つけられるでしょうか。

ひと言で言えば、目の前の壁を越えることに集中するのではなく、壁の向こうの世界をイメージすることです。


何度もイメージしてみてください。

ポイントは、壁の向こうの世界をイメージし、それだけを見て、念じることです。念じながら動いているうちに、気がついたらいつの間にか実現しているでしょう。必ずしも壁を乗り越える必要はありません。

「壁を乗り越える」のは手段だからです。

手段ばかりに拘ってしまう人がいますが、実現したい世界をしっかりと想像して、本能に従って動くだけ。

歩む道筋はコロコロと変わって然るべきです。

諦めずに、試行錯誤しながら動いていけば、いずれ実現したい世界を達成できるでしょう。

大切なのは、壁を乗り越えた先の未来をありありと描けるかどうか。

ですから、イメージができたら勝ちなのです。

気持ちが地に落ちた時は、まずその状況を認める

嫌なことがあれば落ち込むのが人間

どんなに強い人であっても、嫌なことがあったらショックを受けます。

私も例外ではありません。

私の場合、まずは「今はショックを受けているんだな」と認識するところから始めます。

「今は嫌なことがあったばかりだから、ショックで当たり前だ。でも、時間が経てば少しは変わってくるかな」と気楽に思うようにしています。

無理に立ち上がる必要はなく、ショックを受けている間は横たわっていればい

いのです。寝れば気持ちが緩和されることもあるでしょう。

人は嫌なことがあると落ち込みますが、その反面、時間とともに、負の気持ちはだんだんと緩和されていきます。そのことを自分で意識することが大切です。

無理に自分を鼓舞することなく、寝たかったら寝る。

焦る必要はありません。ずっと寝ていれば、人間さすがに飽きてくるもの。「お腹が空いたな」「お風呂に入りたいな」などと思ったら、自分がやらなければならないことなどは一旦無視して、思いのままに行動するのです。

そうするうちに、だんだん立ち直っていきます。

渦中にいると、ついそのことで頭がいっぱいになってしまいますが、抜け出す方法はたくさんあります。

落ち込む自分にも、ＯＫを出して進んでいけば良いのです。

人生のどん底にいる時、人は本当に大切な存在に気づく

仕事第一主義の頃は、自分でさえも仕事の下に置いていた

人は色々なものを失いそうになった時、初めて本当に大切なものに気づくのかもしれません。

家に殆ど帰っていなかった頃の私は、仕事第一主義でした。会社と仕事のことばかり気にしていて、心にも身体にも余裕は全くありませんでした。ヘトヘトになって夜中に帰宅すると、子どもが夜泣きして、妻が世話をしている。妻も大変な時に、夫が家庭をそっちのけにして生活していれば、良くは思わないでしょう。

しかし、そんなこともお構いなく、飲めないお酒を飲んで、酔っ払って帰宅。風呂場で大音を立てて転倒し、やっとの思いで寝かしつけた子どもが起きて泣き出してしまう…。そんな毎日でした。

当時は、こんなことがあっても「仕方がないじゃないか」と思っていました。「少しは息抜きをして帰らないとやっていられない。それも含めて仕事だ。自分だってやるだけのことはやっている」という感覚だったのです。

死を意識した時、何気ない日常こそが宝だと知る

ところが、がんで生死を彷徨う経験を何回かしました。

「今度こそ本当に死ぬ」と思った時、「売上100億円の会社にしておけば良かった」「年収を10倍、20倍にしておけば良かった」「社員を数千人にできなかった」といったことは、実にどうでも良いことだと思いました。

私の中にあったのは、「願わくばもう少し生きたい。息子や娘を一緒に色々なところに連れて行ってあげられなかったな」という思いだけでした。

また、入院して苦しい思いをしていた時に、家庭で夕飯を食べるという当たり前の日常が、とても尊《とうと》いことなのだと痛感しました。

ただただ「家族とご飯を食べたい」、そう思ったのです。

実際に、退院して自宅で家族と一緒にご飯を食べた時には、自然と涙が流れました。

「なんでパパは泣いているの？」と子どもは不思議がっていました。

病気を経験して、自分の人生の終わりを突きつけられ、色々な感情を味わいました。この時、本当に大切にするべきものを、自分は置き去りにしてきたのだと気づいたのです。

「人生終わりだ」と思っても、生きていればなんとかなる

闘病しながら、自分の人生の優先順位に気づいた後、会社が債務超過に陥りました。これが原因で、会社の売却が決定。

この時、私の周りを取り巻いていた人たちの多くが離れていきました。

会社やビジネスでの繋がりは、そんな脆《もろ》いものかと思いました。

どん底の時、一番心配してくれたのは家族でした。

それは、言葉で表さなくても分かるものです。心から心配してくれる人たちは、「人」として付き合ってくれた家族や友人たちでした。この人たちは、私が病気になろうが、会社を売却しようが支えてくれました。

仕事は、食べていくためにも社会貢献をするためにも必要なもの。しかし、一番大切なものではありません。

病気、債務超過からの会社の売却、離れていく人…こういった経験を通して、人生にはもっと重要なものがあるということを実感しました。

そして、「生きていればなんとかなる」ということが分かったのです。

会社や組織が壊れても私は生きている。そして、もう一度創れば、周りに人が集まってくれる。生きていれば幾らでもやり直せます。

闘病しながら、再び会社を興せていることは自信になります。

そして、人が集まってくれることは、糧であり、財産です。

しかし、再びそれが崩壊しても、私の人生がなくなるということではありません。当時とは違い、今はそんな気持ちで事業に向き合っています。

闇雲に仕事に人生を捧げるのではなく、どんな時も大切なものを見失わない自分でいられることのほうが、はるかに重要だと思うのです。

あなたが本当に大切にしたいことは、なんですか？

3章

自己認識を高める

他人に支配されない自分をつくる

いつもその人のことばかり気にしていたら要注意

自分に自信を持つためには、「やらなければいけない」「こうでなければいけない」といった支配的な人や環境から離れる必要があります。

私自身、長く支配的な環境に身を置いていたことがありました。

何をするにも、支配的な人のことが頭をよぎる。

あなたにもそのような経験があるのではないでしょうか。

人生には、支配的な人の側で学ぶことが必要な時期もあります。

得られるものや、鍛えられることは確かに多いと思います。

しかし、支配的な環境を断ち切ることが、人生を大きく変えるポイントと言えるでしょう。

私自身、支配的な人との関係を変えていったことで、以前まで感じていた焦燥感やそわそわした感覚、時折流れる冷や汗がなくなり、自己肯定感が高まりました。

病気を経て、支配的な人たちが自分の優先順位のトップではないことに気づきました。

自分が極限状態だったからこそ、本質が見えたのだと思います。

病気で気がついた人生の本当の優先順位

「お客様のためだったら、プライベートの犠牲も厭わない」という価値観を持っている人や会社もあります。

このような考えの人たちに対して、極端に背を向ける必要はありません。

私は、力を抜き、過度に期待に応えなくても良いと思えるようになってから、かなり楽になりました。

彼らの言いなりになる必要などないのです。

死にそうになった時に助けてなんかくれません。

自分にとって、それくらいの存在だということです。

今は、過度な我慢やストレスを強いられるくらいなら取引が小さくなっても良いと思っているので、会社にいる部下たちにも
「プライベートを犠牲にしてまでやらなくて良いよ」

「みんながやってみて、ダメならダメで構わない」

と伝えられるようになりました。

支配的な会社との取引は縮小しましたが、また別の仕事を探して会社は変わらず存続できています。

人生を犠牲にしてまで支配される必要はないのです。

人の期待に応えなくても、あなたの人生を生きるだけで、それを「いいね」と言ってくれる人たちもいます。

自分や本当に大切な人たちとの時間を犠牲にしてまで捧げなければならないものなど、人生にはないのです。

生かされている自分に気づく

大きな壁に直面したら、大局観を持つ

まだ身体に異変が起きていなかった頃、会社を大きくするために自分ひとりで動きまわっていました。

人に感謝することや、人に頼ることをしないと事業はうまくいかないのですが、当時はそれができていなかったので、そのたびに空中分解して、またやり直してということを30代の半ばまで繰り返していました。

そんなことをしているうちに、病気になってしまったのです。

神様の目線で見ると、「磯部を止めるにはもう病気しかないな」としか見えなかったと思います。実際、私は病気になっても仕事をしていたほどでした。

病気になった時、口では「家族のため」「自分のため」と言っていましたが、罹患してすぐには、そう簡単に価値観は変わりません。会社や仕事のことばかり気にしていて、治療をしながら上手にやって乗り越えようとしていました。しかし、1年経ち、なかなか完治しないと、いよいよそれも難しくなります。

「あいつは大丈夫なのか？」「いつ治るのだ？」と当初は心配してくれていた周囲の反応も変わってきます。病気になってすぐの頃は、「みんなで乗り越えよう」と、一致団結したこともありますが、いつまでも続かないのです。

結局、経営状態は悪くなり、会社を売却することになりました。小手先のテクニックで乗り越えようとしてもうまく行かないのです。大局観を持ち、見切りをつけ、覚悟を決めて早めの判断をすることが、自分のためにも周りのためにも良かったのだと、その時に悟りました。

同時に、失敗しても、それでも生かされている自分にも気がついたのです。

私には人生を指し示すコンパスがある

コンパスがあれば決断に迷わない

私は、自分の内側にコンパスのようなものを持っています。

「こっちにいくといい」と指し示す方位磁石のようなコンパスが自分の中にあるのです。

それはいつも、ある一定の方向を指し示しています。

私が、人生の大切な局面で迷ったりせずに、直感で決めることができるのは、このコンパスのおかげです。

私はいつもそのコンパスで人生の判断をしています。
だから、迷わず、決定が早く、実行に移すのが早いのです。
このコンパスは、自分の力で身につけることができます。

まずは、自分の心の声を聞くクセをつけること。
自分がどうしたいのかという気持ちに正直であるようにすること。

それを繰り返しているうちに、いつの間にか軸が立ち、自分だけのコンパスができあがるのです。
ぜひ、自分だけのコンパスを見つけてみてください。

母の存在がいつも進むべき道を照らしてくれる

親の存在は、子の生き方を分けるもの

親の存在は、少なからず子どもの生き方を左右します。

私が道を踏み外さずにすんだのは、根本の部分で「母のことは裏切れない」という思いがあったからです。

周りで道を踏み外した人は、親に対しての恨みが多い人ばかりです。

しかし、母はとても愛情を注いで育ててくれました。

私が、やや反抗していた時、母は泣いていました。

決して、ヘラヘラ笑っているわけでも、毅然としているわけでもありませんでした。今振り返ると、ずいぶん迷惑をかけたと思います。

「なぜこうなっちゃったのだろう…」とも言っていたので、母は私のことで本当に悩んでいたのでしょう。

ただ、一歩踏みとどまるための存在が母であり、いつも心のどこかに「最後の1枚」を持っていたことが、大きな違いになったのだと思います。

子どもは、誰もが愛される存在ではないでしょうか。

少なくとも私はそう思っています。

親に限らず、自分のことを大切にしてくれる誰かの愛情に気づけることで、人生は変わります。

愛情は、自分の人生を正しい方向に導いてくれる存在になってくれるのです。

自分を客観視するクセをつける

「仕方がない」と分かっていても感情が動くのが人間

あなたは、自分を客観視できていますか？
私が自分を客観視できるようになったのは、病気を経験してからです。

一喜一憂しても仕方がないと思うようになりました。
一喜一憂は敵。
治ったと思ったら、次の瞬間に再発し、再発したと騒いだら生き延びる。
この繰り返しです。
ショックは受けますが、いちいち喜んだり悲しんだりしていられません。

悩みの根底にあるものは、先の見えない不安

このような感覚を得てから、起こったことに対して冷静に対処できるようになりました。


冷静に対処できるようになった分、先を見ることもできます。

自分の心をコントロールし、どのようにすれば良いかという建設的なプランを組み立てる余裕が出てくるのです。


人は、先が見えると安心するものです。

例えば病気の場合、再発した直後、先が見えない瞬間がもっともつらいのです。再発したと聞いて、少し時間が経ってから「ああ…」とどん底に落ちます。その瞬間がなぜつらいのかと言うと、先が見えないからです。

色々な可能性を考えて、想像してしまうのです。

「またつらい日々を過ごすのではないか」
「もしかしたら、死んでしまうのではないか」
などと、嫌なことを考えてしまいます。

経営でも受験勉強でも同じですが、「先が見えない」というのはつらいことなのです。

少し時間が経って、治療の内容が見えてくると「水曜日は病院に行けば良い。月曜日と火曜日は働ける」などと前向きに考えることができるようになります。

先が見えて、再発を告げられた直後よりも楽な心境なのです。

がんが悩みの原因であることは間違いありません。

しかし、病気であるという状態は一切変わらないのに、自分がどのような生活をするのか見えるようになると、急にストレスが軽減されるのです。

「これをやればいいだけだ」と自分が取り組むことが明確になり、自分のルーティンが見えるからです。

そのような状況になれば、心が晴れるとまではいかなくても、割り切ることができます。

病気でなくとも、人が悩むのは、自分が陥っている状況そのものよりも、先の見えないことに原因があるかもしれません。

不安から少しでも早く脱するには、まず自分の状況を客観視すること。やるべきことを書き出して、あとは行動するだけにしてみましょう。

そうすれば、いつのまにか心が軽くなっている自分に気がつくはずです。

「家族」を糧に生きる

「子どもたちに同じ思いをさせたくない」生きることを選んだ強い理由

もし、私に家族がおらずひとりきりだったとしたら、とっくに人生を投げ出していたはずです。「なぜ俺はこんなにつらい思いをしなければいけないのだ。いっそ死んだほうが楽だ」と度々思ってきたからです。

実際、妻や周囲の人に弱音を吐いたこともあります。闘病は、弱いところや汚いところを見せずに歩めるほど、平坦な道のりではありませんでした。

ただ、「死にたい」と言っているだけの人と、実際に死ぬ人は違います。

本当に死のうと思ったら自殺するでしょう。

私も「今晩死んでしまおうか」と思い詰めたことが何回もあります。

でも、子どもの顔を見ていたら、そんなことはできませんでした。

想像以上に悲しむことが、目に浮かぶからです。


自分で死を選んだとなれば、子どもたちの心を深く傷つけるでしょう。

彼らを置き去りにすることを選択したと死をもって伝えることで、一生消えない傷を負わせてしまいます。

「お父さんに会いたい」と思っても、会えなくなる。

私は、その寂しさを知っています。幼少期に自分がつらかったことを我が子にしてしまうなど、自分にはできない。絶対にしたくない。

そう考えると、最後には「耐えるしかない。負けない」と思いました。

これが私を何度となく奮い立たせてくれた理由です。

そんなふうに思える宝物が人生にあることが、強さであり、幸せと呼べるものなのかもしれません。

真の友が集うコミュニティを創る

社交辞令ではない本音を言い合える仲間と集う尊さ

最近、「DTF（Don't think. feel.）」という定額課金制のオンラインサロンを立ち上げました。目的はお金ではなく、友達がほしいという思いからでした。

私のような立場の場合、仕事でお付き合いをしている人たちにひと言言えば、みんなすぐに動いてくれるでしょう。

でも、本当のところ心から喜んでいるかどうかは分かりません。

社交辞令として動いてくれる人のほうが多いのではないかと思うのです。

一方、ＤＴＦではメンバーが月額５００円を払ってくれるという行為を、「社交辞令ではないよ」と言ってもらっていることだと捉えています。

その姿勢を行動で示してくれる人たちと仲良くなりたいだけなのです。


オンラインサロンのテーマは、「磯部と一緒に自分探し」です。「情報発信こそ自分探しの本質である」という考え方で、月1回の定例会や朝会、読書会、メンバー同士での交流などを行っています。


オンラインサロンはこれからの人間関係で主流になると考えています。

友達の多さを自慢するのがナンセンスなように、オンラインサロンも会員数が重要なのではありません。

人間関係の濃さや雰囲気の良さが、何よりも大切な要素だと私は考えています。

私自身が発信した内容に共感して集まってくれた仲間たち。非常にリラックスして忖度《そんたく》のない関係で、同じ経験を共有できる。そんなコミュニティを仲間たちと一緒に創り上げていくことは、楽しみで仕方ありません。

真の友が集うコミュニティがあれば、生きる活力になります。

恩を返しながら、これからを生きる

自分ができることで社会に恩返しがしたい

とある朝、リハビリの一貫として散歩している時「自分ができることをやろう」とふと思ったのです。

この時、私の心に「社会に救ってもらった」という気持ちが非常に強く芽生えました。

自分が生きているのは、運が良かったということと、社会や周囲のおかげです。生死を彷徨うような病気というのは、自分の努力や戦略だけでどうにかなるものではありません。

少なくとも私は、骨髄提供者、主治医の先生、最先端の技術や、支えてくれる家族や周囲の存在があって生き長らえることができました。

これからは、お金よりも価値観を大切に生きていく

「返報性の法則」ではありませんが、生き長らえてしまったからには、恩返しをしたいと思っています。

「100億円を売り上げる会社を創ろう」
「会社を大きくしよう」
「名誉を得たい」

などといったことへの興味が薄れ、「ちゃんとお返しをしよう」という思いが、人生の優先順位の一番上にくるようになりました。

私は今、自分の使命に従って活動をしています。

闘病生活は非常に苦しいものでしたが、病気と経営の経験が、使命を教えてくれました。

誰もが私と同じような経験をする必要などありませんが、過酷な環境で自分を見つめ直す時間は、使命を見つけるきっかけになるのではないかと思うのです。

使命感に則《のっと》って活動をしていくこと。

その活動を広めることを通して、私はこれからも、世の中に良い影響を与えていきたいと思っています。

4章

活躍できる場所を探す

「やりたいこと」を仕事にする前に、まず稼ぐ

実績ある仕事で稼ぎながら、やりたい仕事の経験値を積んでいく

仕事をどのように選ぶべきなのか、よく質問を受けます。

まず言いたいのは、やりたいことと稼げることは違うということ。

独立することを前提に考えると、稼げなければ食べていけません。手元に資本金が1億円もあって、暫くの間はひとりで食いつないでいける人と、日銭を稼がないと生きていけない人とでは、考え方は全く異なるはずです。

前者に対するアドバイスであれば、何をやっても良いと伝えます。しかし、殆どの人が後者でしょう。それなりに稼がなければいけないとなれば、実績がある

ことから取り組んだほうが良いのです。つまり、今までやってきたことの信頼をお金に換えるという形で仕事を選んだほうが良いということです。

そして、やりたいことをやるためには、やりたいことの実績をつくるべきです。やりたいことであっても、やったことがないことでいきなりお金をもらおうとするのはナンセンス。新しいことをやらせてくれる既存のお客様に無償で提供することから始めることを私はお勧めしています。

既存のお客様に無償で提供すれば、実績が生まれます。

その実績と同じようなモデルケースをターゲット層に売り込んでいけば、2社目から収益が発生します。

その後うまく展開できるかどうかは、導入してくれたお客様が取引を継続してくれるかどうか。

仕事は「実績ベース・信頼ベースでことを進める」ことを意識しましょう。

自分の主戦場だけに乗る

できることに一点集中。これが一流に繋がる

仕事をしていくうえで一番大切なのは信用です。信用を築くには、プロの仕事をして相手の役に立つこと。儲かりそうだからといって、自分ではよく分からない分野にまで手を出すと、トラブルが起こり、うまくいかなくなります。

私は5社経営していますが、何でもかんでも手を広げるというビジネスは好きではありません。

「自分の主戦場にだけ乗っていきたい」という思いを常に持っています。

何故かというと、そうでなければプロの仕事ができないからです。

分からないことをやっていては、相手に一流のサービスを提供できません。判断基準は、「よく分かっている」「自分で試したことがある」と自信を持って答えられるかどうか。これらが満たされている時、私はお客様に提案します。

例えば、弊社では人事評価制度の紹介サービスを始めましたが、これに関しては、すでに自社で導入していて「いいな」という実感があるので他のお客様にも勧めています。「よく分からないけど儲かりそうだから」と周りに勧めてお金をもらうということはしたくありません。言い換えれば、自分の分からない分野は、潔くその道のプロに任せるという姿勢です。

このように、自分がプロとして提供できること以外は、お金をもらうべきではありません。自分の主戦場で勝負するのが、ビジネスの基本です。

もしまだ何も提供できるものがないならば、自分のキャリアを振り返るべきです。

キャリアは掛け算で考える

圧倒的に時間を割いてきたものを洗い出す

キャリアを築くには、まず自分ができることを探すことから始めましょう。

私がしている探し方は、1万時間使ってきた経験を洗い出すというやり方です。2000時間でも構いません。自分に合った尺度を設定すれば良いのです。

私の場合、例えば、「IT」「町内会」「経営」「病気」などは、いずれも5000時間以上も時間をかけてきました。

町内会や病気に関しては、仕事とは全く関連がありませんでした。

私は、それを自分の仕事上のキャリアであると繋げて、「町内会×IT」という領域を切り拓いてきました。新設されたマンション住民に対して、ITを活用して町内会に参加してもらう取り組みを始め、一定の成果を残しました。自町会の取り組みとしてだけではなく、他町会への支援の輪を拡げる活動にも発展しました。

また、「地域社会×経営」では、日本橋の老舗企業への経営コンサルティング事業を始めることに繋がっていきました。

「病気×経営」では、自分の経験を活かして、人を勇気づける講演活動も始めました。小さな講演会からスタートしましたが、今ではオンラインサロンを創るまでに発展しています。このように、経験の棚卸しを行い、掛け算で、自分のできる領域を切り拓いていくことができるのです。

ひとつの分野でNo1になろうと思うと、なかなか難しいでしょう。

しかし掛け算で見ると、競合が少なくなります。ボランティアやプロボノ活動も含めて、色々なことを試していくと良いでしょう。

発信を通して自分軸を整える

相手に合わせるだけでは軸が立たない

人の心の機微を読んで、人に合わせて物事を編成させていくということは、私が生まれながらに覚えてきたことです。

人から指摘されるまで、それが当たり前だと思っていました。

それがおかしいことに気づいたのは20代の時。

お世話になっていた社長から「お前は人の心の機微がよく分かるけれど、相手に合わせてばかりで自分の軸がないな」と指摘されたことがきっかけです。

それまで、空気を読んで相手に合わせることができるということも、自分に軸がないということにも気がつきませんでした。自分に自信がなかったため、意見を求められると、つい相手に合わせてしまうところがあったのです。

その社長はそれを一発で見抜き、「お前、それではダメだぞ」と言ってくれました。同時に「もっと思った通りにやってみろ。お前はどうしたいのか考えろ」と指摘されたのです。しかし、いざその社長の前に出ると、なかなか言えないという悶々とした日々が、暫く続きました。

私は自分の意見を言えるようにするために、まず「自分はこうだ」と意見を発信することを意識し、自分の考えを周りの人に話したり、ＳＮＳで発信したりするようにしました。最初は勇気がいりますが、徐々に賛同してくれる人が出てくると、自分の考えを発信することの醍醐味を感じられるようになってきました。

発信は、自分軸を整える良いきっかけになります。

相手に合わせず自分を出す。まずはここからがスタートです。

自分の名前で仕事をするなら、5段階評価の1を恐れない

とにかくエッジを立てる

「自分の名前で仕事をしていきたい人」がまずやるべきことは、「情報発信」です。名前を汚すことを気にしていたら、自分の名前でビジネスはできません。

また、エッジを立てなければ集客は難しいと思います。

エッジを立てて特徴をつけて「私は他の人とは違う」ということを伝えなくてはなりません。周囲と同じスーツを着て、同じようなことを言っていても、一介のサラリーマンとしか見てもらえないのです。

外見や中身、主張していることなど、すべてをブランディングする必要があります。5段階評価で言えば、3や4では全く意味がない。無難な評価ですが、何も生み出さないからです。1か5を取りにいくべきです。

1を怖がってはいけません。批判を受けたということは、あなたへの関心が高いということ。批判をしてきた相手に納得のいく説明をすれば、意外と強い味方になってくれることもあります。最悪なのは、誰からも評価されないことです。

何故なら、関心を持たれないことが一番の敵だからです。

では、関心を持ってもらうためにどのようにすれば良いのか。それは、やはり批判を怖れないこと。叩かれることを恐れているマインドのまま当たり障りのない発信をしても、鳴かず飛ばずで終わってしまいます。

敵をつくっても良いという精神で、エッジを立てた情報発信をした人だけが、自分の名前でビジネスを構築することができて、生き残るのです。

面白い取り組みに、人が集まる

「面白い！」という純粋な気持ちに人が動かされる

昨今では、面白い取り組みにチャレンジするハードルが下がっています。対面では難しくても、オンラインなら集まりやすいですし、「みんなで集まって何かしよう」という空気が醸成されているようにも感じます。心をさらけ出し、本質的な価値に共感して集まった人たちとの繋がりから、新しいコンテンツをつくり出すことができるのではないでしょうか。

例えば、最近はオンラインサロンの朝会でメンバーから自由に質問を受けています。自分が喋りたいと思っているネタではなく、メンバーたちが知りたいことに答えることを優先しています。

私にとってはコンテンツの幅が広がり、メンバーにとっては知りたいことが知れます。誰にとっても無理のない状態です。

これを更に多くの人に発信することにより、そこに更なる人が集まってきます。そうすると一緒にコンテンツをつくってくれた仲間たちも発信の協力をしてくれやすくなり、また好循環が生まれます。

これは、自分ひとりで行うより、単純に楽しく、楽です。

会社としてがむしゃらに頑張って取り組むよりも、こういった自然の流れの中で創り出されるほうが結果的に面白いものができますし、そこに人が集まってくるのです。

積極的に自分の「枠」を広げる

価値観の異なる人に、敢えて関わってみる

独りよがりのサービスや商品は、発想が面白くても売れません。

ボランティアでもプロボノでも同じです。何かをつくろうとする時には、誰かの意見を取り入れる。ただ、それは「みんなの意見」を吸い上げるということではありません。「ひとりの人と向かい合ったサービス」をつくるのです。

例えば、ある時私は自分が運営するコミュニティで「やりたいことを発見する会」というグループを立ち上げました。それは、とあるひとりの女性が言っていたことを形にしたものです。たったひとりの課題を解決するカタチを徹底的に

詰めていきました。結果的にそのグループが磯部一郎オンラインサロン「Don't think. Feel.」（有料課金型）に成長しました。

自分ができることを洗い出したら、誰かに聞いてもらいましょう。聞いてもらう目的は、こちらのできることを押し付けるのではありません。自分の価値観と異なる人の課題を発見し、それを解決するカタチに調整することを目的とするのです。誰かの小さい課題を発見し、それを解決することができたら、必ず横展開できるチャンスがあります。「あったら良いな」の妄想でつくり上げたサービスや商品は誰の課題も解決しないことが多いのです。

また、価値観の異なる人が言っていることは、私が知らない世界です。その世界に対して、自分ができることで良い影響を与えられたら、自分の影響力は最大化する可能性があります。

是非、積極的に、価値観の異なる人に関わってみてください。視野が広がります。好奇心が自分の枠を広げてくれるのです。

いけるという感覚があるのなら、まずGOする

様子を見ているうちに時間はどんどん過ぎていく

私は近年、生命の危険を感じる状況を何回か経験しました。

27ページでも触れましたが、ある時、奇跡的に助かった翌日に新たに会社を興すことにしたのです。

この決断をした時には、命が助かったという保証があったわけではありませんでした。

投薬でがんが小さくなり始めたことは確認できましたが、医者から「大丈夫ですよ」と言われたわけではありませんでした。

通常の考え方ならば「ここで暫く様子を見て、大丈夫そうならGOする」となるでしょう。

しかし、当時の私には、いつ「死のトンネル」がやってくるのか分かりませんでした。

逆に、様子を見ている分だけ、日々の時間が過ぎ、死のトンネルとの距離が近くなると考えたのです。

そうすると、残された人生の時間は短くなっていく…。

これは、私に限らず、他の人も同じなのではないでしょうか。

例え、残りの時間が50年あったとしても、です。

前もって「絶対に大丈夫だ」と保証されなければ動けないという人生で、一体何を成し遂げられるのでしょうか。

保証されなければ動けないという環境の中で、果たして大きく可能性を広げることはできるのでしょうか。
本当に豊かな人生が送れるでしょうか。

人生は挑戦の連続です。
自分が「いけるな」と思った時には、その感覚をとにかく信じること。
様子など見ずにGOすれば良いのです。
これは私だけでなく、どんな人にも言えることです。

人生の期限があるのは、誰もが同じ。
私だけが死ぬわけではありません。
今、健康に過ごしている人もいずれ死を迎えます。
みんな、同じなのです。

私と健康な人たちとの違いは、「死のトンネルが見えるかどうか」という点だけです。ただ見えているだけなので、トンネルが近いかどうかは分かりません。

病気になっていなくても、明日交通事故で死んでしまう可能性だってあるからです。

「永遠に命がある」と思う勘違い

死のトンネルが見えない人が陥りがちなのは、トンネルが見えていないだけなのに、時間が永遠にあると誤解をしてしまっていることです。

だから「様子を見よう」「いつかやろう」「自分ではよく分からない」などと理由をつけて先延ばしにしてしまうのです。

私には死のトンネルが見えているので、距離は分からないものの、いつかその中に吸い込まれていくと感覚的に理解しています。

「そこまでが人生なのだ」と思って生きていると、様子を見ている時間がとても無駄に思えてきます。

3日間様子を見るということは、3日間無駄に生きるということ。

そして多くの人は3日後に「いつかやろう」と先延ばしにする。

これは、不老不死が前提の考え方です。

残酷ですが、不老不死などあり得ません。

人生には死がつきもので、残された時間が減っていくのが現実であり、事実なのです。

少しでもうまくいくという感覚があれば、「様子を見る暇があったらGO」。これが生命を削って体得した人生の鉄則です。

5章

ポリシーを持って仕事する

常に「目的」を見失わない

いつ何時も、顧客目線を持つ

仕事をする時には、マーケティングの観点が必要です。

私が1社目にIT業界を選んだことには、マーケティング的な理由があります。

当時のIT業界にいた人は、いわゆる理系のプログラマーらしい、人とコミュニケーションをとるのが苦手なタイプが目立ちました。

その中に、私のようなコミュニケーションが得意な人間が入れば、貴重な存在になるのではないかと考えたのです。

「経験を積んでコンサルティングまでできるようになれば、人気も得られるだろう」と予想を立て、その読みは当たりました。

ひとつ拘っていたのは、若い時から「時間を売る仕事は嫌だ」という思いがあり、時給制という考え方をしなかったことです。

ＩＴ業界が月額単価の報酬になっていることは、未だに理解ができません。個人的には月額単価で労働時間を決め、現場に入るというシステムは、やめたほうが良いと思っています。

物理的、時間的制約を超えるのがＩＴの本来果たす役割ですから、作業時間で評価するのではなく、成果で評価を決めるほうが自然です。ＩＴの世界では、優秀な人間にプログラムを任せれば、10時間かかっていたことも3秒で終わらせるようにできます。それなのに10時間働いたことを評価していたら、プログラマーも仕事を3秒で終わらせようとは思わなくなってしまうでしょう。

このシステムでは、「物理的、時間的制約を超える」という顧客メリットが生まれないのです。

私は時間を短縮するプログラムを開発したことが発端となり、会社をクビになったことがありますが、当時私が持っていた顧客目線は、とても大事なことではないかと思っています。

ＩＴ投資は、しっかりとしたカタチがあれば社会貢献にもなるものです。

現在の日本では労働力が毎年減っています。

本来は優秀なＩＴ先進国になることで、ロボットやＡＩを駆使して、国際競争力をキープ・向上させることができるようになりたいところです。

ＩＴ業界は、もっとイノベーションを起こして、どんどんレベルを上げていくという気概を持たなければいけません。

今になってＤＸ（デジタルトランスフォーメーション）が重要だと大騒ぎしていますが、それができなかったから、日本のＩＴは遅れをとってしまったのです。

その原因を現場で探した時、私は「時間で評価する」という仕組みがとても良くないことに気づきました。この仕組みがあるせいで、アメリカには１０００万人を超えるプログラマーがたくさんいるのに対し、日本ではプログラマーの人件費が上がらず、給与もなかなか上がらないのです。

私はこのことを、25歳くらいの頃から考えていました。

日本の社会には、古臭い時代錯誤の考え方がまだまだ蔓延しています。

正社員はスーツを着てネクタイを締めなければいけないという習慣も、今はテレワークで関係なくなってきています。

ところが、未だにそれを受け入れられない企業も多いのです。

もちろんフォーマルな服装が求められる場もありますが、本来仕事において大切なのは、服装や勤務時間よりも成果です。

何のためにその仕事をするのか、本当に求められているニーズは何なのか。

目的を見失わない「目標」が不可欠です。

交渉の基本はまず相手を見ること

交渉下手の多くは自分がどう見えるかを気にしている

交渉は、どんな仕事にもつきものですが、なかなかうまくいかないと悩んでいる人も多いでしょう。私も昔はそのひとりでしたが、歳を重ねるごとに交渉を学び、以前に比べると考え方やアプローチの仕方が変わったように思います。

昔の私のように、交渉ができないと悩んでいる人の多くは、自分のことばかり見ています。本来は相手を見なければいけないのに、「相手にどのように思われているのか」「こんなふうに思われたらどうしよう」と自分のことばかり気にしている状態に陥っているのです。

では、相手のことを見ているというのは、どんな状態でしょうか。

「この人は今の私の発言で顔色が変わったな」

「メールが気になるのだろうな」

「上の空だな」

という様子や、

「周りにこういうふうに言われているのかもしれないな」

「この話題には食いついたな」

「ここに悩んでいるのだろうな」

といった、相手の状況を読み取り、把握しているという状態です。

これが交渉において、必ず押さえておきたい基本です。

相手のことを知るにはリラックスすること

では、相手を知るための具体的な方法を紹介します。

まず、力を抜いて相手と向き合ってみてください。

顔の表情を見れば、「不信感を持たれている」「妬まれている」「怒っている」「いま幸せそう」「気分が良さそう」…といった相手の状態がなんとなく分かるものです。

この時大切なのは、躍起になって相手に対峙するのではなく、まず自分がリラックスすることです。人の表情やしぐさから読み取るということは、リラックスしていれば誰にでもできるはずです。

頭で考えすぎたり、相手からどう思われているか気にしすぎたりしていると、本来の能力を鎖で縛りつけてしまうことになります。

そのうえで、相手の状態を見ながら、自分の提案したいこと、伝えたいことを差し込んでいくタイミングを判断していくのです。

相手を見ることでお客様との関係は改善される

トラブルは相手を見ていないことから起こる

相手を見ることは交渉だけではなく、ビジネス上のトラブルを避けることにも繋がります。トラブルは相手を見る意識が著しく欠けているために起こることが多いはずです。

常に「自分の意識は、相手に向いているだろうか？」という感覚で仕事をまわしていれば、何か起こる前に対処できるでしょう。「あ、そう言えば、あの人と全然連絡をとっていなかったな」というセンサーを働かせられるかどうかが大切だと思うのです。

暫く連絡はとっていないが、相手がボールを持っているという状態ならチャンスです。

こちらから「あの件はどうなっていましたか？」というメッセージを1本送るだけでトラブルを回避することができます。

仕事は「相手ありき」。タスクよりも大切なのは本来のゴール

複数の仕事を管理していると、つい「宿題」を終わらせることを一生懸命にやり続けてしまうのですが、お客様と会話できていることのほうがよほど重要です。

こまめにSNSや電話などでコミュニケーションをとっていれば、小さな状況の変化も分かるため、本当に必要なもの・不要なものが明確になります。

コミュニケーションを怠るから、やれ書類だ、やれ事前資料だ…とやらなくても良いことがたくさん出てくるわけです。

本来の目的に沿った省略は歓迎される

「面倒だからやりたくない」と言えば相手は怒るでしょうが、相手の立場に立って、一緒になって考えるという「伴走するスタイル」を徹底すれば、こちらの行動の真意を理解してくれるでしょう。話が更に先に進むというメリットもあります。

何をするか、いつ行うのか、そのための準備は必要か、といったことを確認して、まずはお互いの予定を押さえるだけで話が終わるといったことは、かなり多いのではないでしょうか。

夜中に数時間かけてつくっていた資料は、本当は30分の電話で終わってしまう場合も多いのです。逆に、相手の本当の目的を掴めていない状態で資料を提出しても不満を感じられることが、少なくありません。

「やること」に集中するのではなく、まずは目の前の相手の要望を汲み取ることに意識を向けましょう。やることはその後で十分です。

謝罪の流儀は言い訳せず、素直に謝ること

「言い訳をしない、部下を責めない」が謝罪の鉄則

謝罪時には、人間性が見えます。

私は謝罪をする時、「言い訳をしないということ」と「部下を責めないこと」を意識しています。

例えば、部下のミスで謝罪に行く場合、部下に同行して一緒に行くようにしています。謝罪をする際にも、ミスを犯した人を責めるような言い方はしません。「○○が申し訳ないことをしました」という部下を差し出すような言い方もご法度《はっと》です。

相手には「大変申し訳ありませんでした。私の管理不行き届きです」ということだけを伝えれば十分。そして失敗をした部下にはその背中を見せることを心がけています。そして謝罪が終わった後「あまり気にするなよ、今度から気をつけてね」と言うようにしています。

このように対応されたほうが、人はより気をつけるようになるのです。

謝罪は遅れるほど相手の不信感が募る

謝罪は、タイミングが遅くなればなるほど、相手の不信感が募っていきます。

ですから、自分が謝罪する立場の場合、すぐに謝罪を申し入れて、相手の都合に合わせて出向くようにしましょう。

もちろん、程度によっては電話だけですむ場合もあるかもしれませんが、「本当に申し訳ない」と思うのであれば、取引相手の規模の大小を問わず、足を運ぶことは当たり前のことです。

私も過去には、大型の案件を受けたものの、うまく行かず、見積り金額の2.

5倍ほど使う赤字案件を受け持ったことがあります。

これはシステム開発会社を経営していた時代のことですが、部下たちが開発したシステムをリリースしたところ、不備だらけで、こちらに多くの非がありました。非は我々にあるので、私は3年がかりで無償で手直しを行いました。時間をかけ、やっと取引先に満足していただけるシステムになり、許していただくことができたのです。

この時、私があまりにも一生懸命やっていたため、その後、たくさんのご紹介をいただきました。私が経営する多くの事業の中で、最も大きな利益を出している事業も、この取引先からのご紹介によって成り立っています。

もちろん、仕事を紹介していただくことを狙ったわけではありませんが、失敗した後に逃げなかったことで、信用していただけたのではないかと思います。

そのおかげで、今は非常に事業がスムーズです。

見られているのは、ミスや失敗をした後の動き

失敗への対応は、お客様からとても見られています。

ところが、失敗した後の対応が悪すぎる会社は少なくありません。

「障害やトラブルへの対応が悪いから会社が伸びない」ということに気がついていないのでしょう。お客様の立場に立って物事を考え、気づきを得る。

これができない人は、評価されません。


完璧に仕事ができたら理想です。しかし、仕事は人が行うもの。

トラブルや障害をゼロにすることはできません。


大事なのは起きた後の対処です。

お客様の立場に立って、復旧処理を迅速にワンストップで行うことが、トラブル時に最もすべき重要なことなのです。

広く浅くより、深くじっくり人と付き合う

付き合う人を限定してでも信頼を守る

経営者として私が心がけているのは、「広く浅く」ではなく、「狭く深く信頼を大切にすること」です。「付き合う人を限定する」とも言い換えられるかもしれません。これは、どのような商売にも通じることではないでしょうか。

私はオンラインサロンを運営しているので、「広く浅く」の付き合いを大事にしているように見られがちですが、実際はそうではありません。

オンラインサロンでの一人ひとりとの出会いを大切にし、グループとしては限定のイベントを開催しながら、お付き合いさせていただいています。

病気を経て大きく変わったのは、「やりたくないことはやらない」「嫌なことは嫌だと言う」ということです。お金のために、やりたくない仕事に無理に関わるということもやめました。

「磯部さん、やってくれませんか？」と頼まれても、気持ちが動かない場合は、お断りすることもあります。今では、周りの人たちが「磯部さんはそういう人だから」ということを理解してくれています。

そのかわり、深く付き合いたいと思える人や仕事とは、じっくり誠実に関わります。おかげで、私は大切にしたい人たちと、実りのある時間を過ごすことができるようになりました。

狭く深く人と付き合い、信頼を大切にすること――。

生きるうえで、曲げたくないスタンスです。

コミュニケーションは36色ある

人の気持ちはグラデーション。白黒つけるものではない

人とのコミュニケーションや人間関係を、「白か黒か」で判断する人がいます。例えば、私の身近な人に、コミュニケーションをゼロか100かで判断する人がいます。その人は「あなたを信頼していますよ」と言ってくれる人のことを、すぐに信じてしまうところがあります。

しかし、人は「信じています」と言う中にも、ずるさがあったり、泥臭さがあったり、不満があったり、期待があったり…と、色々な感情を携えているもの。人間の多面的なところを察することができていない人は、意外と多いのです。

人の感情の機微を知ることがコミュニケーションの第一歩

人の多面性をじっくり観察してみると、白か黒かという単純な2色の生き物ではないことが分かります。それを、私は例え話として「コミュニケーションは36色」と呼んでいます。

人は、自然界との彩りと同じように、多彩な一面を持ち合わせているものです。この、認識できる幅を大きくしていくことが、コミュニケーションにおいては重要なのです。

いつもより少し、人に意識を向けてみてください。

きっと、今まで気づかなかった心の機微を色とりどりに感じることができるようになるでしょう。

自分を安売りしない

自分の価値を正当に評価してくれる人と付き合う

私は、ビジネスでは自分の価値を正当に評価してもらえる相手とだけ付き合うということを、心がけています。

自分の評価を低く見積もっている方との仕事は十分な報酬が得られないため、十分なレベルの仕事ができなくなってしまいます。仕事のレベルを落としてまで提供することは、自分の看板を汚すことになるので絶対にしません。

例えば、私は長らく対面型の「コンサルティング」を月額制で提供してきました。最近では、5分の1の価格で「壁打ち」というメニューをつくりました。

メニューの設計を変えることで、品質は下げなくても低価格で提供することもできます。

「コンサルティング」は成果に対する一定の責任が生じます。それに対し、「壁打ち」では、成果はお客様の責任としています。お客様の状況をお聞きして、オンラインで分け隔てなく相談に乗れるようなサービスにしました。非常に好評です。

世の中で自分を活かし、人々を助けるためには、まずはきちんと自分が財をなして、それを分配するという考え方が根底にあるほうが健全だと思うのです。我慢から始まる貢献は、最後は苦しくなるだけです。

質の良いサービスを提供し、それに価値を感じて気持ちよくお金を払っていただく。これが健康的で長続きするビジネスの関係ではないでしょうか。

最高のプランと最悪のプランを同時に考える

悲観的に計画を立てるからこそ、スピーディに動くことができる

計画を立てる時、私はいつも最高のプランと最悪のプランを想定することにしています。

これはがんに罹患して、「いつ何時、どうなるか分からない」という経験をしたことがきっかけです。

「ダメだった時にどうするか」を考えて、失敗してもリスクを最小限にできる保険をつくっておくことは、どんな人にも必要なことです。

落ち込んだ時にどうにもできず、何の打ち手も立てられないのは無責任な行為です。ところが、多くの人が、この最悪の事態を検証せず、本来やったほうが良いことに着手できていないという中途半端な状態に陥っています。

最悪を想定すること=諦めることではない

「最悪のプランを考える」とはどういうことでしょうか。

まずは、その最悪の事態が起きた時の状況を想定して検証するということです。

「半年後に死ぬと思う」ということではありません。

「半年後に死ぬかもしれないという最悪の事態が、引き起こす事象を検証する」ということです。

もし、それが起きてしまった場合の対処法を考えておくのです。

決して、最悪なプランが起きて諦めてしまうことではありません。

寧ろ、最悪のプランを想定することによって「最悪のことが起きても、このように対処すれば良いのだ」と心の余白をつくることが目的です。

最高にうまくいった場合は、どんどん攻めていく

一方で、最高にうまくいった場合のプランも考えます。

最高な場合ですから、殆どブレーキがないプランとなります。

少し先が見えなくても、リスクをとって突き進むプランです。


人生は、常に歩みを続けたほうが動きます。

「願わくば、最悪な状況を切り抜けたら、これで行こう」と念じるのです。

この考え方をすれば、「ただ何もせず様子を見る」などということはしなくなるのです。


何故なら、最悪の状況を抜け出した次の瞬間が、V字回復の新たな始まりだか

らです。
またいつ人生の荒波が襲ってくるか分かりません。
そうなる前にできるだけ早い再スタートを切るのです。
私の人生は
「ここまで行ってもダメならやめれば良いから、思いきってやってみよう」
ということの連続です。
最高のプランと最悪のプランの両方を見据えながら、動いてみてください。
物事の動くスピードと、得られる成果が、確実に変わってくるはずです。

仕事はあり方が10割

お金が目的になってはいけない

リーダーのビジョンやあり方は、会社の売上に大きく影響します。

リーダーが社会にどんな価値を与えられるかといったビジョンを立て、ビジョンをもとにビジネスを進めていくことが、ぶれない秘訣です。

ところが、お金を目的に推し進めていくと、途端に伸び悩んでしまいます。

私も若い時は「周りに負けたくない」と、規模や売上や社員数などを見て、どうやって会社を大きくするかということしか考えていませんでした。

とくに30歳前後の頃は、儲かるか儲からないかということだけで判断し、お金に振りまわされている時期もありました。

起業した時には、純粋な心持ちだったのに、お金に苦労しているうちに、「金だ、金だ」と価値観が変わってしまったのです。逆にお金に困らなくなると、今度は安心して遊びまわったり、見栄を張って金持ちぶったりもしました。

お金を得ても心が満たされなければ、欠乏感は埋まらない

今、このように振り返ることができているのは、十分なお金を得ても、心がすさんで満たされなかった経験があるからです。

原因は寂しさにあったと思います。

寂しいから、悪さをするし、見栄を張る。

そうしているうちに、本来の思いや目的からどんどん乖離《かいり》していき、空虚になり、自分でもやめられなくなってしまったのです。

一度残念な方向に進んでしまうと、「やめたほうが良い」と分かっていてもや

められません。
次第に、人生で一番大事なものを見失っていきました。

ビジネスが軌道に乗り始めた頃、家庭は崩壊寸前。
当時は地方にも拠点があったため、出張も当たり前でした。
週の半分はホテル暮らしで、湯水のようにお金を使う日々。

「一体何のために働いているのか?」と周囲に思われても仕方のない状態です。
その頃は、これが大人の世界、経営者の世界だと思い込んでいました。
そうしているうちに周りの人も消えていき、夫婦関係もギリギリの状態。

ただ、子どもがいたので、何とか離婚は回避できました。
この頃は、殆ど子育てをしていません。
今振り返れば、とても残念なことをしたと思っています。
当時のことは、未だに妻からチクリと言われてしまうことがある程です。

仕事ではとことん「あり方」が問われる

どんな仕事も、まずは想いありきです。
それを忘れてお金に走ってしまうと、大きく道を踏み外してしまいます。
時々は、今の自分を振り返ってみる。
そして、目先の誘惑よりも、本当に大切なものを見失わずに歩んでいく。
遠回りに見えて、それが一番盤石《ばんじゃく》な道とも言えます。

「スケールが大きいから偉い」時代は終わった

素晴らしさはスケールでははかれない

ある番組で紹介されていた大学教授が書いた本を読みました。

教育についてのテーマで、「日本は、このようにやっていけばまだまだ取り返せる」という内容でした。そして、最後には「大学院を出ている人でなければ、世界的な企業を創ることはできない」といったことが書いてあったのです。

あとがきを見ると、テレビのコメンテーターでも有名な学者など、勉強ができて頭の良い人だけ集まって論じられた世界観がつらつらと書かれていました。

それはあたかも「自分たち万歳！」と自画自賛しているように見えたのです。

私は、直感的に「違う」と感じました。

ジャーナリストがジャーナリズムを語るのは良いのですが、実際のところ世の中の人は、ジャーナリストの影響を真に受けやすいのです。

こうした論調をそのまま押しつけるのは、その条件に当てはまらなければダメだと言っているようなもの。なんて柔軟性がないのだろうかと思うのです。

新しい日本を語っている割には、大変お粗末な内容です。

私は図太い人間なので、書評として「小規模だって良いじゃないか。スケールが大きいから偉い、みたいな論調は社会に委縮を生む」とツイートし、大きな反響を頂きました。

大規模への妄信、ゲーム感覚での起業への違和感

今、大学生や20代前半の若い人の中には、「大きな組織から投資をしてもらうことありき」で、自分のお金を全く使うことなく事業を立ち上げ、もしうまくい

かなければ次へ…とゲーム感覚で投資する傾向があります。

そのような人たちと話をすると、どこか血肉が通っていないような何とも言えない違和感を覚えてしまうのです。

なぜ違和感が残るかと言うと、本当の「起業家精神」が養われていないからです。

チャレンジに大きいも小さいもない

ですから、小さくとも、志を持って事業を興そうと、若者が思えるような世の中になるべきです。

イベントなどでTシャツ&ジーンズにピンマイクをつけて、革新的な世界的サービスを発表しなければならないわけではありません。

チャレンジは、必ずしもレベルが高くて、大きなものでなくても良いのです。

何かにつけて、「Yahoo!が…」「GAFAが…」などという話ばかりでは、これから起業をしたい人たちに、全く参考になりません。星野リゾートの話を聴いて、一体どれほどの人の参考になるでしょう？そのような企業をやたらと持ち上げる風潮を、もっと変えたほうが良いのではないでしょうか。

もちろん、これらの企業の経営者は突出した人たちばかりです。ホリエモンさんも、星野さんも、柳井さんも、前澤さんも…。他を圧倒する実績を残しています。でも、突出した人たちが認められるその一方で、「リアル」な世界があるわけです。もっと誰もが手が届く、感触や温度が感じられる世界で取り組むことが認められても良い。私はそんなふうに思っています。

小さく始めるほうが前向きで幸せ

こうした「大きいことは良いことだ」といった闇雲に規模を称賛して選民意識を加速するような論調は、もう手放しても良いのではないでしょうか。

そういったことを気にせず、スモールスケールでみんなが情報発信し、やりたいことをしたり、困っている人を助けたり…小さいことであってもみんながで きることを実現していける世の中のほうが、よほど良いと思うのです。

小さくともまずアクションを起こすほうが、はるかに前向きで幸せなはずです。

そんな思いを込めて、「スモールスケール万歳（#ssbanzai）」というハッシュタグをつくってみました。

この「#ssbanzai」というハッシュタグを通して、SNSなどでこの考え方を伝えていこうと思ってのことです。

私もスモールスケールの実践者のひとりです。

事業家として大成しているわけではなく、「スモールビジネスをたくさんやっている人」です。

ですから、スモールビジネスをリードする立場として他の人のお役に立てたらと思っています。

実際には規模の拡大を狙うのは、事業としては必要だと思います。私も規模の拡大を事業計画として打ち出しています。数年内の上場を目指しています。そのほうが社会に貢献できると判断したからです。

しかし、物事はスケールの大小ではないという価値観を、私はしっかりと伝えていきたいのです。

誰かのつくった正解は、必ずしもあなたにとっての正解ではありません。変化が多いこれからの時代にはなおさら、自分の頭で考えて実践し、より良い形を見出していくことが求められます。

スモールスケールは、あなた本来の生き方を体現することでもあるのです。

「ねばならない」を手放し、気軽にチャレンジできる社会に

今、これまで企業の中で生きてきた人たちが、「小さくても良いから自分のビジネスを始めてみよう」と、勇気ある一歩を踏み出そうと頑張っています。

規模が小さくても良いではないですか。
大切なのは、自分が良いと思うかどうか。あなたが良いと思うかどうかだけです。

スモールスケール万歳！

一歩踏み出そうとしているあなたに、この言葉を贈りたいと思います。
勇気と覚悟を持てば、不安など感じなくなるはずです。

エピローグ

運命とともに生きる

日本橋人形町、芸者の街に妾の子として生まれる

男性なし、子どもなし、女性だらけの環境で育つ

私は東京都中央区日本橋人形町で生まれ育ちました。

吉原は、1911（明治44）年の大火の後、現在の浅草に移転しましたが、それまでは今の人形町のあたりにあったのです。

実際、私の自宅の近くにはかつて花魁道中をしていた吉原大門の跡が残っていました。

私が生まれ育った家である「磯部」は芸者の家で、祖母は芸者組合の組合長でした。

実際には私が生まれる前に亡くなったので、私は会ったこともありません。

ちなみに、私自身、この祖母とは血が繋がっていません。

何故なら、母が10代の頃に、磯部家に養子入りしたからです。


私自身は、母とお客様との間にできた妾の子。

父は私が7歳の頃にがんで他界していて、幼い頃、膝の上に乗せてもらったという、かすかな記憶しかありません。

長野県長野市にあるゼネコン経営者でした。

葬儀は善光寺で行われたと聞いています。


私が幼稚園児くらいの頃までは、家に芸者のお姉さんたちがたくさん出入りしていました。自宅の平屋に着付けなどのお手伝いをするおばあさんが住み込みで働いていて、私のオムツ替えなど、幼少期の面倒をみてくれていました。


生活の中に男性はいませんでした。

周りに子どもは私だけだったので、大人の女性の中で育ちました。

花街ではよくある話ですが、芸者衆の中には対立組織などもあるので、子どもを産むと「誰々の子どもだ」と後ろ指をさされます。

私のことをよく思っていない人たちがいることは、幼心にも感じていました。母といる時には守られていましたが、ひとりでいると、揶揄されることもしばしばありました。

とは言え、小学生になる前はあまり分かっておらず、「うちにはお父さんがいないな」という程度であまり気にしていなかったように思います。

当時の人形町は、芸者以外の一般家庭が暮らし始め、街がちょうど過渡期を迎えた頃。

小学生の時に、友人のお父さんと風呂に入り、初めて「男性」を知りました。初めて男の人の身体を見た衝撃は、未だに忘れられません。

キャッチボールや釣りなど、父親がいないとできない経験を、友人の家で一緒にさせてもらいました。

地域の人からは直接何も言われませんでしたが、私を芸者の息子だと分かっていて、色々なことを教えてくれたのだと思います。

地域に対する恩は、生涯忘れません。

とにかく私は、いわゆる「普通の家庭」というものを知らずに、幼少期を過ごしたのでした。

葛藤しながらも、前へ進む

中学生の頃、自身が芸者の息子と知る

「自分の家が他の家庭と違う」と知ったのは、小学生の時です。

花街から少し離れたところにあるごく普通の家庭に遊びに行った時、まず、マンションに驚きました。

そして夕食時にテレビをつけて、ご両親、友人、友人の妹、自分がそろって夕飯を食べるという風景も衝撃的でした。

あまりに驚いて「うちはこうじゃない」と言ったら、花街を知らない友人に「どういうふうなの？」と聞かれました。

そういったことを経て、「うちはちょっと違うのだな」ということを理解していったのです。

私が中学生の頃、時代がバブル崩壊へ向かうにつれて、花柳界が廃れていきました。私が小学生になった頃から、母は芸者をやめていたのだと思います。たまにお客様に呼ばれてお座敷に上がる程度でした。

芸者の世界は玄人衆、縦社会なうえに秘密主義です。自分から敢えて職業などを言うことは、まずありません。ですから、私が自分の家が芸者の家なのだと認識したのは、中学生の頃、友人から「お前、芸者の家なんだろ」と言われてからでした。

母が芸者だったということも、周りから聞きました。

私が大学生時代、バブルが崩壊した後の人形町界隈は、元芸者が細々と小料理屋をしているケースがたくさんありました。

人形町に友人に連れられて飲みに行き「磯部です」と名前を言うと、お店の人がギョッとした顔をして「姉さんの倅《せがれ》さん」と対応が180度変わるくらいだったのです。

パスポート更新時に出生の秘密を知る

磯部の祖母が亡くなった後、母ひとり、子ひとりの生活になりました。

既に芸者をやめていた母は、貯金を切り崩しながら、パートやクリーニングのフランチャイズをしながら私を育ててくれました。

私はと言えば、プロサーファーを目指すほどサーフィンが得意で、大学生の頃は全国大会に出場するほどの腕前でした。

自分の詳しい生まれを知ったのは、この頃。

ある時、海外にサーフトリップに行こうとすると、パスポートが切れていたので、戸籍謄本を取りに行ったら、父親の戸籍の苗字が違うことに気がつきました。

それまで母の苗字が「今道」父の苗字が「磯部」と教わっていたのですが、母の苗字が「磯部」、父の欄には、「北野」と書いてあったのです。

それまで「磯部」が祖母の苗字だという矛盾（父の苗字でないこと）に気がつきませんでした。

家に帰って母に尋ねると、母はかしこまった表情で「あなたは望まれて生まれてきたのよ」と本当の話を聞くことになりました。

父方の祖父が、ある上場企業の創業者であること。
父はもう亡くなっていて、父の兄が社長を務めていること。
父は副社長を務めていたことなどです。
戸籍には、裁判記録として私がＤＮＡ検査をして認知されたことも明記されていました。

こうして、私は大学生の頃、初めて自分の出生を教わったのです。

中学生・高校生の私は、やや強めの反抗期だったので、母からは「あの頃伝えたらとんでもないことになると思って言えなかった」と聞きました。


ちなみに、私が一部上場企業の子どもと知ると、

「だから磯部さんは起業したのですね」

「もともとお金に恵まれていたのですね」

と言われるのですが、母は父の死後、養育費を一切もらっていませんでした。


連絡もしたことはありませんし、これからも必要ないと考えています。

母は私をひとりの人間として、プライドをもって育ててくれたのです。


母は、父が死ぬ間際に、私のために「認知だけはしてほしい」と父に頼んだそうです。そのことを、私は20歳を過ぎてから知りました。

事業家の隠し子でも、正々堂々と生きていく

中学生の時は反抗期がひどく、マグマのように反発心が湧いていました。理由が何故なのかは自分でも分からないのですが、きっと父親がいなかったことが原因のひとつだと思います。

近所を見渡した時に、同じような境遇の幼馴染が何人かいました。

自分の出生の話を聞いた時、「自分の遺伝子にも、一部上場企業を創ったDNAが入っているのだ」と思えたので、私は嫌だとは感じませんでした。

しかし、母から「隠し子であることを周りに言うな」と言われたことには本当に反発しました。「オレは隠れてなんかいない」「ふざけるな」と憤りました。

その時「親父や祖父にできて、俺にできない理由はない」「必ず起業してやる」と決めたのです。

そして、ひとまず会社員を3年経験してから起業することにしました。

就職するにあたって、あちこちに口利きをしようかと芸者のお姉さんたちから言われたこともありました。

なぜなら、壮々たる顔ぶれのお客様たちがいらっしゃったからです。

しかし、私はそういう繋がりで生きていくのを拒絶しました。

自分のアイデンティティに関わるからです。

辞めるつもりで就職を考えていたので、すべて断りました。

事実に対する捉え方は様々です。

自分次第で、良くも悪くもできます。

私は自分の出生を最大限ポジティブに捉えた結果、「なにくそ」という原動力に変えていったのです。

憎しみも愛情に変えられる

父を憎んだ20代、吹っ切れた30代

私には以前、「父親に愛されていなかったかもしれない」という思いがありました。父とは7歳で死別しているので、実際に確認することはできません。

この思いが変わっていったきっかけが、大きく2つあります。

ひとつは、息子ができて、男親が息子を愛するという気持ちを理解できたこと。

もうひとつは、父の墓参りをした時に、住職から父のメッセージを聞いたという事実です。

私にメッセージを残していたこと自体が、気にかけてくれていた証拠だと本当

の意味で理解できてから、私は父の愛を信じられるようになりました。

父の愛に触れた瞬間に、鎖でガチガチに固められていた重石がすべて外れ、「やりたいようにやれば良いのだ」「生きたいように生きれば良いのだ」と自己肯定感が芽生えました。

その時から、身体と心が軽くなり、本質的に物事を見られるようになっていったのです。

怒りの感情を取り除く

今の私には、もう「なにくそ」は必要なくなりました。

父を超えることに対する執着も消えました。使命を見つけたからです。

憎しみや孤独、怒りを解放し、高い次元での意識を持ち続けるフェーズに入ったと感じています。

エピローグ
運命とともに生きる

この本でご紹介した内容は、これからも守り、実践していきます。

しかし、やり方は次なる段階へと進化を遂げようとしています。

内なる自分と向かい合い、物事をシンプルに捉え、社会に貢献する。

本のタイトルになった「生き急ぐ」とは「死に急ぐ」という意味ではありません。トンネルを見て人生の判断を早め、実行すべきことを実行する生き方です。

私はこれからも生き急ぎます。

おわりに――前向きに、今を大切に「生き急ぐ」

本書を最後までお読みいただき、ありがとうございます。
タイトルにある「生き急ぐ」という言葉の示す意味を、感じていただけたでしょうか。

人は皆、限りある生命を生きている。
命の最期を見据えながら今を生きるからこそ、見えてくる世界がある。
最期を意識するからこそ、前向きに、今を大切に生きることができる。

――そのことを伝えたくて、本を執筆することにしました。
本書があなたのこれからの歩みのヒントになれば、とても嬉しく思います。
『生き急ぐ』は、たくさんの人の縁によって完成しました。

まず株式会社サイラスコンサルティングの星野友絵さんと小齋希美さんへ。

お二人との思いがけない出会いから、出版の道が拓けました。

出会った日に出版することを決め、あっという間の半年間でした。

コロナ禍で会うことができない状況の中、ZOOMでミーティングを繰り返し、人生の棚卸しにお付き合いいただいたことは、貴重な経験となりました。

私の病状を気にかけ、無理して対応していただいたことに、心から感謝しています。

かざひの文庫の磐﨑文彰さんには、今回処女作の出版の機会をいただきました。

wedo合同会社の都丸哲弘さんには、「いいオフィス」のオーナー会のご縁から、星野さんとの出会いに繋げていただきました。

お二人とも、ありがとうございます。

一番の支えになったのは、家族です。

妻がいなかったら、今の私はいません。

本当に苦労をかけてきたと思います。

先が見えない不安な中、共に歩み続けてくれていることに、心から感謝しています。


「自分で決めろ」を貫き通して育ててくれた母。

私自身の経営者としての素養は、先天的なものよりも母の教育方針によって育成されたと感じています。

父が不在の中、芸者を引退し、女手一つで私を育ててくれて本当にありがとう。


圭吾と柑名へ。

よい父親だったとは言えません。

どこも連れていけずに、我慢ばかりさせてきました。

それでも私の身体を想ってくれる優しい二人。

いつも一緒に生活してくれてありがとう。

いつも心配してくださる親戚や友人、一緒に仕事をしてくれている仲間たち、オンラインサロンのメンバー。支えていただいてありがとうございます。

これからもよろしくお願いします。

見守ってくださる病院の先生方、骨髄を提供してくださったドナーさんには、感謝の念に堪えません。

結びになりますが、本書を手にとってくださったすべての皆様のご活躍を、心から願っております。

命の最期を意識して、今を大切に。

前向きに、生き急ぎ、一度しかない人生を謳歌しましょう！

本書を、天国にいる父、北野幾造に捧ぐ。

２０２１年３月　磯部一郎

磯部一郎（いそべ いちろう）

社会起業家／経営コンサルタント。

芸者の置屋の息子として、日本橋人形町に生まれる。

大学卒業後、IT企業に入社。26歳で共同起業し、大手企業を中心に業務システム開発の仕事に従事。2015年、37歳のときに悪性リンパ腫を発病。抗がん剤治療、放射線治療を経て、2016年に事業を売却し、造血幹細胞移植を行うも失敗。2017年に臍帯血移植を行うが再発してしまう。

2018年に免疫治療を実施した際には、副作用で右眼を失明。この期間に闘病しながらWEBメディア事業とネイルサロン事業、コワーキングスペース、中小企業向けコンサルティング事業を開始する。6年間の3分の1は入院、できた腫瘍の数は30以上、治療のクールは30を超える。7度の再発中に、骨髄移植2回、放射線治療3回を受け、この期間に立ち上げた法人は4社。壮絶な日々を送る中、2020年6月末に余命宣告を受けたものの、奇跡的に生還する。

現在は、オンラインサロン運営、中小企業・起業家支援、町内会における新旧住民の融合、パラレルキャリア構築支援など、闘病しながら多岐に渡る活動に力を注いでいる。

磯部一郎公式サイト：https://isobe-ichiro.com/

生《い》き急《いそ》ぐ

著者　**磯部一郎《いそべいちろう》**

2021年3月20日　初版発行

発行者　磐崎文彰
発行所　株式会社かざひの文庫
〒110-0002　東京都台東区上野桜木2-16-21
電話／FAX 03(6322)3231
e-mail：company@kazahinobunko.com　http://www.kazahinobunko.com
発売元　太陽出版
〒113-0033　東京都文京区本郷4-1-14
電話 03(3814)0471　FAX 03(3814)2366
e-mail：info@taiyoshuppan.net　http://www.taiyoshuppan.net
印刷・製本　モリモト印刷
企画・構成・編集　星野友絵（silas consulting）
装丁　重原 隆
DTP　KM-Factory

ISBN978-4-86723-018-3